छाले धूप के

BY
ASHISH KUMAR

ISBN 978-93-5438-505-6

Published in India 2020 by Pencil

A brand of

One Point Six Technologies Pvt. Ltd.

123, Building J2, Shram Seva Premises,

Wadala Truck Terminal, Wadala (E)

Mumbai 400037, Maharashtra, INDIA

E connect@thepencilapp.com

W www.thepencilapp.com

DISCLAIMER: *The opinions expressed in this book are those of the authors and do not purport to reflect the views of the Publisher.*

Author biography

I, Ashish Kumar, currently residing in Delhi, is basically from Haridwar, Uttarakhand.

Before छाले धूप के till date my below ten books have been published:

1) Love Incomplete
2) क्या है हिंदुस्तान में
3) Detail Geography of Space
4) The Ruiner
5) सच्चाई कुछ पन्नो में
6) कुछ अनोखे स्वाद और बातें
7) पूर्ण विनाशक
8) मोहल्ला 90 का
9) Samudramanthanam
10) Avyakhyaam

Contents

चंद सिक्के

वो

चंद सिक्के ही तो है जो भिखारी के एक ओर से मुड़े कटोरे से उच्चक कर कोशिश करते है अपनी उपयोगिता बताने की

कभी खनकते थे मेरी मिटटी की गुल्लक में वो चंद सिक्के

कभी कभी कोशिश करता था उन्हें गुल्लक में पैसे डालने वाली छोटी सी जगह से वापस निकलने की

वो जिन्हे मंदिर के दानपात्र में डालने की होड़ लगती थी

वो चंद सिक्के जो चले जाते थे फेरी वालो के हाथो में मुझे टॉफी, मूंगफली, चूरन दिलाने के लिए

वो चंद सिक्के जिनमे से एक को रेलगाड़ी की पटरी पर रख कर उसे चौड़ा किया था

इस बार जब ऑटो से घर आया तो ऑटो वाले को 50 का नोट दिया और इन्तजार करने लगा उसके द्वारा चंद सिक्को के लौटाने का,, पर वो छूटा नहीं है बोलकर आगे बढ़ गया

जामुन का पेड़

स्कूल जाते समय निकलता था उसकी घनी छाँव के नीचे थे

हां उसी एक ओर को झुके जामुन के पेड़ की बात कर रहा हूँ

जिसकी लम्बे हाथो में झूला डालकर झूलते थे बच्चे

उस पेड़ के कच्चे जामुन भी बड़े स्वादिष्ट लगते थे

तोड़ी थी कभी उसकी एक पतली डंडी बराबर वाले चाचा जी ने

जब मेरा चचेरा भाई हाई स्कूल में हो गया था फेल

Retired दोपहर

वो दोपहर अब नहीं आती

वो दोपहर जिसकी गोद के किसी कोने में कुछ बच्चे धूल में धुले हुए कंचे या गीली डंडा खेलते थे

कुछ बच्चे उस दोपहर के गले में उच्चक कर झट से अपनी हाथो की माला डाल कर उसके गले में लटक कर झूला झूलने लगते थे

वो दोपहर जिसमे खाने के बाद पांच मिनिट की झपकी भी होती थी

कहीं पर चार -पांच लोग बैठ कर ताश खेलते दिख जाते थे ।

वो प्याऊ का ठंडा पानी जो दोपहर की प्यास बुझाता था उसके घड़े में छेद हो गया है, पास में ही कुछ प्लास्टिक की बोतल रखी रहती है उसके

उस दोपहर की प्यास उन बोतलों के पानी से नहीं बुझती है

पकड़म पकड़ाई जैसे खेल अब दोपहर के सूनेपन को चिढ़ाते नहीं है

त्यौहारो और उत्सवों के अपनेपन की आवाजें अब उसे शोर लगने लगी है अब वो दोपहर Retire हो गयी है

अब उसकी जगह एक नयी दोपहर ने ले ली है जो अपने को फिट रखती है सूट बूट में रहती है

ये नयी दोपहर अब चार दीवारों से बाहर नहीं निकलती है वरना गर्मियों में लू लगने से, बारिश में भीग जाने से और सर्दी में ठण्ड से इसकी तबीयत खराब हो जाती है

ये नयी दोपहर अपनी गोदी में बच्चो को नहीं बैठने देती क्योकि थोड़ी modern हो गयी है

बल्कि पकड़ा देती है उनके हाथो में मोबाइल

अब ज्यादातर जगह ये नयी दोपहर ही मिलती है

वो पुरानी दोपहर अब कही कही मजदूरो के पसीनो में, किसानो के हलो में और गरीबो की लाचारी में बेबस सी दिखाई दे जाती है

पर शायद ये ही नियम है पुराना जाता है और उसकी जगह नया आता है ....

रिश्ते

आज कुछ रिश्ते हाथो से फिसल गए

मिटटी से बने थे मिटटी में ही मिल गए

बदलो का सितम भी कम ना था

दिखे थे आसमान पर पर मेरी आँखों से बरस गए

मोम के इरादे लेकर चला था वो पगला

गम की आंच क्या लगी सारे पिघल गए

मैं जब चलने लगा सफ़लता के रास्ते पर

वो ज़ख्म मेरे पैरो में करके सारी जमीन नमक की कर गए

बचपन वाला विज्ञानं का Box

कक्षा

10

में मेरे पास एक

box

हुआ करता था।

जिसमे मैं विज्ञानं से सम्बंधित वस्तुएँ रखा करता था।

स्कूल में पढ़ता और प्रयोग करने के लिए विज्ञानं की उन वस्तुओं को एक box मे रख लेता।

एक दिशा सूचक यंत्र (compass) था जिसकी सुईया नाचती तो थी पर रूकती हमेशा उत्तर - दक्षिण दिशा में ही थी।

एक उत्तल लेंस था जो वस्तुओ का प्रतिबिम्ब एक खास दूरी पर ही बनता था।

कभी कभी जाड़ो की गुठली मारती धुप में उसे कागज के ऊपर फोकस (focus) करके सूरज की ऊर्जा से उस कागज़ को जलाया करता था।

उस box में मैंने दो लिटमस पेपरो की छोटी छोटी गड्डिया भी रख रखीं थी एक नीले लिटमस की और दूसरी लाल लिटमस की, जो अम्ल और क्षार से क्रिया करके रंग बदलते थे।

चुपके से एक फौजी वाली ताश की गड्डी भी मैंने उस box में छिपा रखीं थी और राजा, रानी, इक्का सब मेरे कब्ज़े में थे।

और कई सारी चीजों के साथ एक वो पेन्सिल भी थी जिसमे एक पारदर्शी खांचे में छोटे छोटे कई सारे तीले होते है और अगर एक तीला घिस का ठूठ हो जाये तो उसे निकल कर सबसे पीछे लगा दो और नया नुकीला तीला आगे आ जाता था।

बरसो बाद पता नहीं आज क्यों उस box की याद आ गयी।

अब मैं घर से दूर हूँ इस बार जब घर जाऊँगा तो ढूंढूंगा उस box को स्टोर मे कही खोल कर देखूँगा फिर से वही बचपन वाला विज्ञानं।

जीवन जो अब दिशाहीन सा हो गया है कोशिश करूँगा उसे उस compass से एक दिशा में ही रोकने की।

इस बार जाकर देखूँगा की क्या वो उत्तल लेंस मेरे बचपन की यादो के प्रतिबिम्ब अभी भी बना पायेगा ?

जुबाँ में अम्ल घुल चूका है सोचता हो उस box से निकल कर नीले लिटमस पेपर की पूरी गड्डी ही मुँह में रख लूँगा मुझे यकीन है मेरा मुँह भी हनुमान जी की तरह लाल हो जायेगा।

इस दफा वर्षो के बाद जब वो box खोलूँगा तो राजा, रानी, गुलाम सब को आज़ाद कर दूँगा।

और वो कई तीलो वाली पेन्सिल, उसे अपने साथ ले आऊंगा क्योकि गलतियाँ तो मैं अब भी करता हूँ पर अब उन्हें मानने भी लगा हूँ! पेन्सिल से लिखीं गलतियों को सही करने में शायद ज्यादा कठनाई ना हो ?

कुछ दिनों की बाद

मैं गया था घर अपने बचपन वाले विज्ञानं का वो box फिर से खोलने पर दीमक ने अब उसके कुछ अवशेष ही छोड़े है।

वो कंपास (compass) तो मेरे से भी ज्यादा दिशाहीन हो गया है। मैं कोशिश करता हूँ उसकी सूइयों को उत्तर दक्षिण में रोकने की पर वो तो पश्चिम की ओर ही जाती परतीत होती है।

वो उत्तल लेंस अब किसी को जलता नहीं है उसके बीच में पड़ी एक दरार ने उसे बहुत कुछ सिखा दिया है शायद।

Box खोला तो पहचान ही नहीं पाया की लाल लिटमस की गड्डी कौन सी है ओर नीले की कौन सी ? शायद दोनों लिटमसो की गड्डियाँ ज्यादा ही पुरानी हो गयी है या फिर मैं ?

फौजी वाली ताश की गड्डी के फौजियों की बंदूकों पर जंग लग गया है अब उनसे निकली गोलिया फौजियों के हाथो में ही फट जाती है।

राजा, रानी गुलाम जैसे लगने लगे है।

वो कई तीलो वाली पेन्सिल के सारे तीले इतने ठूठ हो गए है की उसके पारदर्शी भाग से देखने पर उनके बीच में दूरिया नजर आती है। कुछ के बीच की दूरिया तो इतनी बढ़ गयी है की पीछे वाले तीले का हाथ अब उससे आगे वाले तीले के कंधो तक नहीं पहुँचता है।

वो मेरे बचपन का जादू भरा विज्ञानं वाला box कबाड़ी 5 रूपये में ले गया।

मैं गया था बाजार में वो 5 रूपये लेकर कंपास (compass) ख़रीदने ....

पर शायद सही दिशा बताने वाले कंपास (compass) अब 5 रुपये में नहीं आते ....

त्यौहार

मन आज फिर ले चला यादो के फटे हुए मासूमियत की चिप्पी लगे झोले को बचपन के त्यौहारो में

सकट (उत्तर भारत का एक त्यौहार) और मकर संक्रांति लगभग आस पास ही आते है

वो समय होता था सर्दी में गर्म तिल की बनी मिठाईया खाने का

सकट पर अंगारी पर तिल पटकाओ और घर का बना तिलबुग्गा खाओ

अब सकट पर घर में मिठाई नहीं बनती

तिल भी सब घर वाले एक साथ मिलकर नहीं पटकाते है

वरन जब भी जिसे समय मिलता वो अंगारी पर एक दो तिल डाल कर चला जाता

और इन्तजार नहीं करता तिल के चटकने की आवाज़ सुनने का

शिवरात्रि आती थी तो भोले शंकर को बेर का भोग लगते थे और व्रत रखने के दौरान दिन भर कुछ ना कुछ खाते रहते थे

सर्दी की रिजाई उतार कर जब आँखे मलता हुआ फागुन आता था

तो जैसे होली के साथ साथ मन में भी रंग बिरंगे फूल खिल जाते थे

उस होली के एक त्यौहार में कितने त्यौहार थे

सबके घर जा कर गुंजिया बनवाना अपने आप में एक त्यौहार था

छोटी होली की रात अगले दिन के लिए पहले ही चांट बनाने की तैयारियां कर ली जाती थी

और होली के दिन जब लोंज की चटनी वाले दही भल्ले गुलाल के स्वाद के साथ मुँह के अंदर जाते थे तो जैसे आत्मा तृप्त हो जाती थी

इस बार एक मित्र ने होली से तीन दिन पहले कहा," चलो यार हलवाई से गुंजिया ले आये " मैं उसे देखता रह गया

क्योंकि गुंजिया तो घर पर बनती है पर अब घर और गुंजियो के बीच दूरी बढ़ गयी है शायद

गर्मी के मौसम के बाद चली आती बरसात, निम्बू मसाले वाले भुट्टे खाती हुई

बहने चली आती तीज पर, मीठे घेवर के झूले झूलने हरी पगडंडियों की चुन्नी ओढ़े

जन्माष्ठमी पर कृष्ण की लीलाये करते बालक बना देते थे गोकुल हर मुहल्ले को

मम्मी बैठ जाती थी सुबह से चौलाई भूनने

भुनी चौलाई में पिघला हुआ गुड़ ऐसे मिल जाता था जैसे आज मैं बचपन की यादो से मिल रहा हूँ

वो ड्राई फ्रूट्स में जमी हुई चीनी की मिठाई ही तो भारतीय थी

दशहरा पर हमारे स्कूल की दस दिनों की छुट्टी पड़ती थी

नवरात्री के आठवे दिन कन्या पूजन और हलवे और काले चने का प्रसाद गोले की गिरी के साथ मिलता था

रात को रामलीला में मूंगफली की रेहड़ी पर मूंगफलियों के ढेर के बीच रखी गर्म मटकी जिसमे एक करसी सुलगती रहती थी

वो अब भी सुलग रही है और दे रही है मेरी तन्हाइयो को अपने हौसलों की निमास

दशहरा पर रावण दहन के बाद जलेबी खाने का रिवाज था

अब जलेबी चाशनी में नहीं नहाती, बल्कि शुगर फ्री के तौलिये से अपना शरीर रगड़ कर लग जाती है मोबाईल में अपने मित्रो को हैप्पी दशहरा के सन्देश भेजने

सख्त जिंदगी ने इतना घिस दिया है की अब दिवाली से पहले बत्ती छीलकर चलाये गए पठाखो की तरह देर तक जलकर फटना चाहता हूँ

उठाना चाहता हूँ उस छोटी दिवाली की रात अपनी पीठ पर ढोये दीये के उजाले को

जिसकी हल्दी वाली रोशनी जख्मों को जल्द भर देती थी

तरह तरह की बाजार की मिठाईया चिढ़ाती रहती थी दिवाली के खील, पताशो और घर पर बनने वाले हलवे को

वो लीची वाली बल्बों की लड़ी जो बात बात पर रूठ जाती थी (हल्का सा हिलने से उसका कोई बल्ब फ्यूज हो जाता था)

अब वो पड़ी है धूल की चादर ओढ़े, बुख़ार में काँपती, दुछत्ती के एक कोने में

इन्तजार कर रही है अगली पीढ़ी का, की कोई फिर से उसे रोशन करे

एकत्र कर रहा हूँ कुछ खाली बोतले क्योकि इस बार सबकी व्यस्थता रॉकेट के साथ उड़ा दूंगा दूर कही

अब तो दिवाली भी उस बुढ़िया दादी जैसी हो गयी है जिसे उसके बच्चे जींस और चश्मा पहना कर मोर्डन बनाना चाहते है

पर वो ढूढ़ती रहती है सूकून देशी घी की मोटी पूरियो और मिट्टी के दीयो की शांत रोशनी में

. . . .

पान का खोखा

उन दिनों जब लोगो के पास एक दूसरे का दुःख दर्द सुनने का समय था

उन दिनों हमारे मौहल्ले की गली के कोने पर एक पान का खोखा था

हाँ उन दिनों जब चूना केवल पान के पत्तो पर ही लगाया जाता था

उस पान के खोखे वाले को सब पंडित जी बोलते थे

जब भी मैं किसी बड़े के लिए पान या सिगरेट लेने उस पान के खोखे पर जाता

तो पंडित जी मुझे पांच पैसे वाली पान वाली एक टॉफी देते और कहते

' चौथरी सहाब ये आपका पान '

हाँ बात तब की है जब पान भले ही सादा था

लकिन उसमे अपनेपन का वादा था

हमारे मौहल्ले के युवा लड़के देर रात तक उस पान के खोखे के

इर्द गिर्द खड़े रहते और बाते करते रहते

जब भी कोई देर रात बहार से घर वापस आता था तो उसे डर केवल तब तक लगता था

जब तक की उसे वो पान का खोखा न दिख जाये, इतना अपनापन था उस पान के खोखे में

हाँ था हमारे मौहल्ले में वो पान का खोखा जहां हवलदार चाचा और पंडित जी

में इस बात को लेकर बहस होती थी की पान खाने के बाद हवलदार चाचा पान के पैसे

पंडित जी को देते और पंडित जी नहीं लेते

हाँ वो ही पंडित जी जो दिवाली पर पूजा के लिए पान के पते हमारे घर देने आते थे

एक बार जब पंडित जी के पान का खोखा जर्जर हो चला तो उन सब युवाओ ने पैसे

जोड़कर उसकी मरम्मत करवायी

हाँ उस समय जब ' मतलब ' का मायने केवल ' अर्थ ' होता था ' धोखा ' नहीं

कुछ साल पहले मुझे पता चला की पंडित जी ने खुद ख़ुशी कर ली है

वो जो सबके मुँह अपने पान से लाल करता था वो अपनी तीन जवान बहनो के हाथ मेहँदी से

लाल ना कर पाया

बटुआ

स्कूल में एक दोस्त के पास देखा तो मैं भी जिद्द करने लगा

पापा ने दिला दिया, पूरे 9 रूपये का आया था ' बटुआ '

मैं बहुत खुश था की अपनी गुल्लक में से निकालकर दो, एक रुपये और एक दो रुपये का नोट अपने नए बटुए में रखूँगा

उस बटुए में पीछे की तरफ दो जेबे थी

एक छोटे नोटों के लिए और दूसरी उसके पीछे वाली बड़े नोटों के लिए

उन जेबो में रखे छोटे नोटो के पीछे रखे बड़े नोट ऐसे लगते थे जैसे की बच्चे और बड़े छज्जे पर एक दूसरे के आगे पीछे खड़े होकर कॉलोनी से जाती हुई कोई बारात देख रहे हो ।

कुछ नोटो का लगभग पूरा भाग जेब में अंदर छुपा होता था और एक कोना ही देखता था जैसे बच्चे पंजो पे उचक उचक कर देखने की कोशिश कर रहे हो ।

उन जेबो के आगे एक तरफ एक के पीछे एक, दो जेबे थी जिनमे से एक में पारदर्शी पन्नी लगी थी ।

उसमे मैने कृष्ण भगवान का माखन खाते हुए एक फोटो लगा दिया था ।

उसके पीछे की जेब में मैंने मोरपाखनी की एक पत्ती तोड़कर रख ली थी क्योकि स्कूल मैं कई बच्चे कहते थे की उससे विद्या आती है ।

दूसरी तरफ की जेब में एक बटन भी लगा था, उस जेब में मैंने गिलट के कुछ सिक्के अपनी गुल्लक में से निकालकर रख लिए थे। एक दो रुपये का सिक्का था बाकि कुछ एक रूपये और अड्डनियाँ थी शायद एक चवन्नी भी थी पर वो चवन्नी बार बार उस जेब के फ्लैप में से जो बीच से उस बटन से बंद था बार बार निकल जाती थी ।

तो फिर मैंने उस चवन्नी को गुल्लक में ही वापस डाल दिया था।

एक दिन तो जैसे बटुवे की दावत ही हो गयी जब घर पर आयी बुआ जाते जाते टैक्टर वाला पाँच रुपये का नोट मुझे दे गयी।

एक बार सत्यनारायण की कथा में भगवान जी को चढ़ाने के लिए गिलट का सिक्का नहीं था। तो मैंने मम्मी को अपने बटुवे की आगे वाली जेब से निकल कर एक रूपये का सिक्का दिया। ये वही सिक्का था जो जमशेद भाई की दुकान पर जूस पीने के बाद उन्होंने बचे पैसो के रूप में दिया था।

मैं हैरान था की जमशेद भाई का दिया हुआ सिक्का भगवान जी को चढ़ाने के बाद भी भगवान जी नाराज़ नहीं हुए। शयद आज जमशेद भाई का दिया हुआ सिक्का भगवान जी को चढ़ाता तो वो नाराज़ हो जाते और कहते ' बेवकूफ़ मुझे किसी पंडित जी का दिया हुआ सिक्का ही चढ़ा ' वैसे अब तो जमशेद भाई और मैं दोनों ही hi tech हो गए है मोबाइल से ही एक दूसरे को पैसे दे देते है।

लकिन मुझे ऐसा लगा की उस दिन जमशेद भाई का दिया हुआ सिक्का चढ़ाने के बाद भगवान जी और भी ज्यादा खुश हो गए है।

अब salary (वेतन) आती है और सीधे bank account में transfer होती है।

बटुवा तो अब भी है मेरे पास बहुत ज्यादा महंगा और luxurious है।

पर उसमे अब छोटे छोटे नोट नहीं रखता, एक दो बड़े बड़े नोट होते है और ढेर सारे plastic के card

ऐसा लगता है की इतने समय मे भी बटुवे का उन plastic के कार्डो (cards) के साथ रिश्ता नहीं बन पाया है।

एक दिन मैंने बटुवे से पूछ ही लिया की इतना समय हो गया है अभी तक cards से तुम्हारी दोस्ती नहीं हुई ?

तो वो नम आँखो से बोला, " जब मेरे अंदर नोट रखे जाते थे तो वो मेरा बड़ा आदर करते थे। मुझे तकलीफ ना हो इसलिए अपने आप को ही इधर उधर से मोड़ लिया करते थे । पर ये card तो हमेशा अकड़े ही रहते है और मुझे ही झुक कर अपने आप को इधर उधर से तोड़ मोड़ कर इन्हे अपनाना पड़ता है "

अब मेरे बटुवे में चैन है जिससे की कोई सिक्का बटवे से बहार ना गिर पाये

पर मेरे पास अब चवन्नी नहीं है .....

बूढी रात

रात की अब उम्र हो चुकी है बाल तो उसके पहले ही पक चुके थे

नज़र भी रोज कम हो रही है उसकी

उसके चश्मे के लैंस भी गुजरे जमाने के है जो अब सच्चाई को धुँधला सा ही देखा पाते है

उसने कई बार कहा अपने बेटे चाँद से की उसका चश्मा बदल कर अब कॉन्टेक्ट लैंस लगवा दे

वो हर बार टाल जाता है और कहता है की माँ लैंस आँखों में चुभते है

पता नहीं सही में लैंस आँखों में चुभते है या आज कल बच्चो को अपनी माँ आँखों में चुभने लगी है ?

रात का कम्बल भी एक ओर से फट गया है जो जनवरी की बर्फीली सर्दी में उसे बहुत परेशान करता है

पगली है वो जो अपने फटे हुए कम्बल से अपने आप को बचने की जगह उसके अस्तित्व को कम करने वाले दियो को तेज हवाओं से बचने के लिए अपना कम्बल दियो के ऊपर ढाल देती है

मिटटी के चूल्हे की रोटी

क्या आपने कभी खायी है

सिकुड़ती ठण्ड में मिटटी के चूल्हे के आसपास बैठकर

लकड़ी की आंच से कड़क हुई राख़ लगी रोटी

जिसे बनाया जाता था तजुर्बो से फटे पोरवो से थपक कर

शाम के समय सिलबट्टे पर पीस कर बनायीं हुई धनिये की चटनी का स्वाद

इमामदस्ता में धसका आने तक कूट मसलों वाली सब्जी

घी चुपड़ कर रोटी के साथ खाया हुआ पहली फसल का गुड़

जिसने जीवन में घुलते कड़वेपन को अभी तक हावी नहीं होने दिया

शिव ने तो एक बार ही हलाहल पीया था

माँ फूँकनी से फूं फूं करके धुँए को घुट घुट करके हर पल पीती रहती है

लाल फर्श वाला कमरा

इस

बार जब घर गया तो कुछ देर के लिए अकेला जाकर लाल फर्श वाले कमरे में बिस्तर पर लेट गया।

वो कमरा जो बचपन में बहुत बड़ा लगता था अब वो बहुत छोटा लगने लगा था क्योकि मैं शायद आपने आपको बहुत बड़ा समझने लगा था।

मैं कुछ ही देर लेटा था की तुरंत यादें मन का हाथ थामे ले गयी मुझे बचपन में

जब इस कमरे में बैठकर पूरा परिवार होली से पहले गुंजिया बनवाता था।

हां वो ही कमरा जिसमे दिवाली की पूजा होती थी और पूजा के दौरान मन बेचैन रहता था की जल्दी पूजा ख़त्म हो और मैं अपने भाई - बहन के साथ घर की छत पर जाकर पठाखे फोड़ सकू।

अनायास ही मेरा ध्यान उस कमरे के टांड पर चला गया जो लाधे खड़ा था मेरा हँसता हुआ बचपन अपने कंधो पर।

पता नहीं अचानक मुझे क्या हुआ मैं बिस्तर पर से उठा और उस टांड के सिरों को सहलाने लगा जो मेरी खुशियों का बोझ उठाते उठाते बूढा हो चला था।

जिस पर एक बार घरवालों से छिपाकर मैंने एक कॉमिक छुपाई थी

उस टांड के गले में हम पैरो को फंसा कर उल्टा लटककर बेताल बना करते थे।

एक बार छुपन - छुपाई में मैं उस टांड पर चढ़ कर बैठा गया था और आगे से पर्दा लगा लिया था।

तभी मेरा ध्यान कमरे में लगें कढ़ो पर गया क्योकि कमरा पुराना था इसलिए कढ़ो वाला था।

वो कढ़ा भी मेरी ओर देखकर 360 की मुसकुराहट दे रहा था जिसमे से होकर हम डैक के स्पीकरों का तार निकला करते थे।

कमरे की दीवारों की पुताई कई जगह से छूट गयी थी और कई परतों के बीच मेरे बचपन वाली पुताई की परत ऐसे झांक कर देख रही थी जैसे गुजरे ज़माने में घर की बहुएँ किसी बुजुर्ग को अपने पल्ले के परदे के पीछे से झांकती थी।

अब उस कमरे में लाल रंग का फर्श नहीं रहा

wooden flooring हो गयी है

जिस कमरे को मैं छोटा सोच रहा था उसमे तो मेरा पूरा बचपन बसा था

अब मैं आपने आप को उस कमरे मे फिर से बहुत छोटा अनुभव कर रहा था।

विपरीतचित्रता

कल

रात काँपती सर्दी में एक गरीब औरत ने **शमसान घाट** पर एक बच्चे को **जन्म** दिया

एक **नेता** अपने छोटे बच्चे को हिंदी में ' **ईमानदारी** ' लिखना सीखा रहा था

कुछ ऐसे भी **बच्चे** है जो अपने घर में सबसे **बड़े** है क्योकि वो ही घर में एक वक्त का खाना लाते है

रातें अब ब्रह्म महुर्त तक **जागती** है

उसने **खरीदी** हुई किताबे **बेंच** दी

एक **दर्ज़ी** जिसकी कमीज़ आगे से थोड़ी **फटी** थी वो एक नए डिज़ाइन का कोट सिल रहा था

एक **पर्यवरण बचाओ** की रैली में बहुत से लोग झंडे लिए जा रहे थे जो **लकड़ी** के डंडो पर लगे थे

उसने आज फिर कार **साफ़** करने के लिए एक **गन्दा** कपड़ा माँगा

उस **मेले** में सब **अकेले** थे

सचाई

मै तो उड़ने लगा था झूठे दिखावे की हवा मे

सुना है वो अभी भी सचाई की पतंग उडाता है ||

जवान हो गयी होगी एक और बेटी, इसीलिए आया होगा

वरना कही पैसे वाला भी कभी गरीब के घर जाता है ||

वो परदेश गया तो बस एक थाली लेकर जिस मे माँ परोसती थी

बहुत पैसे वाला हो गया है पर सुना है अभी भी उसी थाली मे खाता है ||

सुनते थे वक्त भर देता है हर एक जख्म को

जो जख्म खुद वक्त दे, भला वो जख्म भी कभी भर पाता है ?

पगली गलिया

बचपन

गुजर गया तो क्या हुआ

याद वो पगली गलिया अब भी आती है ॥

क्यों ना हो जाये फिर से वो ही धमाल

वो ही मौसम है वो ही उत्साह है और वो ही साथी है ॥

कल जो काटा था आखरी पेड कारखाना बनाने के लिए

देखते है उस पर से बेघर हुई चिड़िया अब कहाँ घर बनती है ॥

वो गरीब जिसने एक टुकड़ा भी बाट कर खाया

ईमानदारी उस के घर भूखे पेट सो जाती है ॥

बरसों से रोशन कर रही है जो देश को, शहीदों की चिता पर जली थी

सुना है इस दिये मे वो ही बाती है ॥

रिश्ते कागज़ के

दूरिया रिश्तो मे मुझे कुछ रास ना आयी

जहां पकड़ कर चला था उंगली पापा की

देख कर बरसो बाद वो जगह, आंखे भर आयी

मरते है उस पर अब भी सब, वो चाँद है तो होने दो

जिन रातो मे वो चमकता था मै रूठा तो मुझे मनाने वो राते आयी

बरसो बाद लौट कर परदेश से आते हुए जो शाल माँ के लिए लाया था

देख कर फूटपाथ पर नंगा बच्चा और उस की माँ

मरी तहजीब चुपके से उसे, उनके हाथ पर रख आयी

वो जो हिरन का बच्चा पहुँच गया शेर की गुफा मे पानी की तलाश मे

देख कर उसे उसकी माँ खुद ही शेर की मांद मे घुस आयी

याद है मुझे वो दुश्मन जिसने तुफानो मे सभाला था मुझको

दोस्त के दरवाजे पर पहुचा तो किसने की थी शाजिश ये आवाज आयी

हार

दिन को हारे हुए लोगो की मुशकिलो से

परेशान होकर शाम की गोद मे सो जाने दो

जाने कब टूट जाये कोई सपना अभी मे खुश हूँ

दिल मे छूपी उस आखरी खुशी का चिराग जल जाने दो

राते तड़पती है सूरज से आखेँ मिलाने के लिय

तारो को चाँद् की चाँदनी से धुल कर निखर जाने दो

गरमी की दोपहर का सूनापन दिखता है अब भी शाम की आँखो मे

कुछ यू करो उस आवारा दोपहर का हर पल जशनो से रंग जाने दो

दिल क्यो बहक जाता है उनकी हर एक छोटी सी अदा पर

कहता है टूटता हूँ तो टूटने दो मगर एक बार उन के दिल से लग जाने दो

वो जो सोया है बच्चा फुटपाथ पर ठड़ से बाचने के लिय ओढ़ कर अपना नंगातन

ऐ खुदा एक दिन एक पल ही सही मगर उसे अपनी माँ के आचल मे सिमट जाने दो

मैने अपनी हार का मातम कुछ् यू मनाया उनकी जीत का जशन फीखा हो गया

बहुत पी चुका हूँ शाराब साखी अब मेरा जाम आसूँओ से भर जाने दो

हिन्दुस्तानी

खुशियाँ कम है तो क्या

आँखो मे कुछ गम है तो क्या

हम तो जी कर आये है

मौत पी कर आये है

आग आँखो मे हमारी

दोस्ती जान से प्यारी

आँसुओ के दहकते अंगारो मे

हमको ढूढ लेना चाँद तारो मे

रगो मे जूनुन बहता है

दिल अपना टूटता रहता है

डरो के दिल मे मिलते है

आसमानो पर घूमते फिरते है

किस्मत की किताब के हर पन्ने पर लिखवा कर लाये है

दुशमनो के सीने पर तिरंगा गाड़ने आये है

हम है हिन्द की निशानी हिन्दुस्तानी

सूरज की आँखो से आँख मिलाते रहते है

बारिशो की बूदों से करते छेड़खानीहम है

हिन्द की निशानी हिन्दुस्तानी

छाले धूप के

झोपड़ियों के ऊपर उसने बनाया महल आलिशान है

अपनी उच्चाइयो पे उसे बहुत गुमान है

जीवन ठिया है दो पल का, हर शख्स यहाँ मेहमान है

वो भूल गया शायद उसके शहर में भी श्मशान है

इच्छाओ के पैमाने नहीं होते

यादो के पैर बरसात में जल जाते है

वैसे कौन सा गम बड़ा है

मरने में बीस लोगो की अनुमति है

शादी में पचास (सन २०२० में करोना के चलते सरकरी नियम के सन्दर्भ में)

मेरे ईश्वर मेरा ये अंतिम मुकाम लिख देना

चार यार, गली का नुक्कड़, पुरानी बाइक

उसी पर सत्य है राम नाम लिख देना

प्यार हुआ इजहार हुआ इकरार हुआ

पर अभी तक अंतिम संस्कार नहीं हुआ

ठिठुरती रातो में पड़ा है फुटपाथ पर एक बच्चा

पर अभी तक बीमार नहीं हुआ

बिंदिया, झुमके, कंगन सब पहन लिए

अभी तक प्रेमी नहीं आया

तभी तो पगली का पूरा श्रृंगार नहीं हुआ

दुश्मन सारे खड़े थे मेरे सामने,

हैरान हूँ, फिर भी सामने से मुझ पर वार नहीं हुआ

एक सिन अपनी भी रूह आज़ाद हो

सदियों से अपना इतवार नहीं हुआ

बादलो में छिपा हुआ सूरज भले ही गर्मी ना दे

पर अँधेरे के मुँह पर तमाचा लगाने के लिए काफी होता है

वो जो आये थे मेरे अरमानो की चिंता जलाने

उनकी यादो की लकड़ी कुछ गीली निकली

उसने मुस्कुरा कर किया देख लिया

उसकी दिल के ऊपर वाली जेब से उम्मीदों की एक तितली निकली

यादें परोस रहे हो दोस्तों

कल ही तो मेरे हौसलों की चाय में से एक मक्खी निकली

वो उतार रहे है आरती मेरी

जिनके मुखबरियो के मुँह से मेरे नाम की अर्जी निकली

किसी को घर मिला हिस्से में या कोई दुका आयी

मैं घर में सब से छोटा था मेरे हिस्से में माँ आयी

------- मुनावर राना

किसी को बियर मिली या हिस्से में टकीला आयी

मैं बार में सबसे छोटा था मुझे पुलिस उठा लायी

----- आशीष

चाय के नशे का आलम न पूछ ग़ालिब

ठण्ड बढ़ती गयी और हम पीते रहे

क्या सफलता दो पहिया वाहन पर चार दोस्तों के साथ मस्ती करने से शुरू करके

चार पहिया two seater कार में अकेले जाने तक ही सिमित है

आम आदमी जिंदगी भर ' पिस्ता ' ही रहा

पर कभी ' ब {।} द (न) । म ' ना हुआ

ये डिजिटल युग है साहब

यहाँ नजर लगने से बचाने वाला काला टीका भी फेसबुक पर लगता है

सूरज है वो हर पल जलता है

औरो को पिघलाने वाला खुद कहाँ पिघलता है

जेब खाली हो फिर भी मना करते नहीं देखा

मैंने पिता से अमीर इंसान नहीं देखा

---- गुलजार

कोई शरारत नहीं फिर भी रोज नहीं बात पर कूटना

मैंने सर से creative आदमी नहीं देखा

---- आशीष

बहुत छाले है उसके पैरो में कमबख्त उसूलो पर चला होगा --- गुलजार

बहुत छोले है उसकी प्लेट में कमबख्त भुक्कड़ होगा --- आशीष

ये बड़े शहर है साहब यहाँ के लोगो के दिल बहुत छोटे है

पार्किंग की जगह ही नहीं

बहार खड़ी जिंदगी पर हर रोज स्क्रैच लगते है

वो मेरा इतना ख्याल रखता है की अकेला होने नहीं देता

जब बोलता हूँ आराम की जरूरत है कमबख्त तब भी सोने नहीं देता

मुझे आज भी T की स्पेलिंग नहीं आती मैं उसे T ही लिखता हूँ

वो मिटटी से भी जुड़ा है

पानी भी बचता है

इसलिए बेचारा रोज रात को

मिटटी के कुल्हड़ में निट पी जाता है

ये मौसम है या उम्र का तकाज़ा

सुबह को ठण्ड लगती है

और शाम की ठण्ड लग जाती है

यू न हंसो उसकी जिंदगी में भी गम है

वो भी रोज़ अपनी खुशियों को कंधो पर लाद कर घर से निकलता है

कांच की ख़ुशी हाथो से फिसल कर जमीन से गले मिलने को ही है

मेरी जिंदगी की कमाई के यू गुणनखण्ड हो गए

कुछ खर्च कुछ के म्यूच्यूअल फण्ड हो गए

शराब नक़ली है

या गम ज्यादा है

इच्छाये पूरी ही नहीं होती

सोचता हूँ इस दिवाली पे

अलादीन का चिराग भी जला दू

ये घाव अब दर्द नहीं देते

नमक महंगा हो गया है शायद

जो लोग सूरज से आँख मिलाने से डरते है

वह ही जुगनू के पर कतरते है

उसकी बातो में भी जादू है कोई

उसके बोलते ही

टोपियों से कबूतर निकलते है

समय की गुल्लक में से आज कुछ यादों के सिक्के निकाले जाए

मेरी खुशियों के खुले पैसे ख़त्म होने को है

शिशो के रिश्ते पत्थरो से टकरा गए

यादो के पुतलो को बर्फ़ के लोग जला गए

आँधिया बसी है अब भी आँखों में उसकी

पलके झुकी तो फ़रिश्ते घबरा गए

आजकल तो अपना जीवन सफ़र में

और डाटा बफर में घट रहा है

हम आज उम्र की एक सीढ़ी और चढ़ गए

दो बाल सिर के आज भी झड़ गए

कहने सुनने से भी क्या कभी दिलो का रिश्ता छूटता है

ऐसा तूफ़ान तो अपनी रगो में बचपन से उठता है

दुनिया का ताज ढूंढ रहे हो

मेरी चारपाई के नीचे पड़ा होगा

हौसलों के आगे जमाना झुकता है

चिराग़ बस खता इतनी कर बैठे

वो बेचारे आँधियो से वफ़ा कर बैठे

काली आँखों में तारो की ढीढ जमा है

लगता है सुबह आज फिर बिना नहाये आ गयी

आज बहुत अकेला अनुभव कर रहा हूँ

कोई मेरे घर के आँगन में फिर से आम का पेड़ लगा दे

मैं आज भी बहुत रोता हूँ

जब उदास होता हूँ आंसू पूछ लेता हूँ

कुछ यादें उन पलों की भी होती है

जिन्हे हम कोई महत्व नहीं देते

पर वो हमारी रगो में बस जाते है

सांसो में महकते है

नाई की दुकान

जब भी दुकान पर रमीज़ या सोहल रहते है

तो बात केवल बॉलीवुड या क्रिकेट की होती है

जब भी उनके पापा महबूब दुकान पर हो

राजनीति ही जीतती है

हां मैं बात कर रहा हूँ हमारे

मोहल्ले की गली के कोने वाली नाई की दुकान की

जो क्रिकेट मैच का लुफ़्त महबूब भाई की दुकान पर गुजरे ज़माने के पीछे को कुबड़ निकले दिवार में ऊपर लगे स्टैंड पर रखे टीवी में देखने का है वो तो ऑस्ट्रेलिया जा कर मैदान में देखने का भी नहीं

इस बार फिर से चला गया मैं महबूब भाई की दुकान पर मुहल्ले, शहर, हिंदुस्तान और दुनिया का हाल जानने के लिए, बाल कटवाने का बहाना ले कर

रमीज़ कुर्सी में फट्टा लगा कर उसपर के पांच साल के बच्चे को बैठा कर उसके बाल काट रहा था

दो तीन युवा लड़के खड़े थे जिन्हे आज रात एक शादी में जाना था तो वो सजने सवरने आये थे

मैंने सोहल से कहा, " अभी समय लगेगा क्या "

तो उसने हमेशा की तरह कहा, " बस पांच मिनट, इनके बाद आपका कर दूंगा "

चर्चा शुरू हुई शारुख खान की आने वाली नयी पिक्चर से

और फिर सलमान का स्टाइल, अक्षय का स्टंट तक घूमी और पहुंच गयी

फिर से क्रिकेट के मैदान में

सोहल एक लड़के के कानो में उंगली घुसा घुसा कर उसकी हैड मसाज कर रहा था

चर्चा पहुंची बिजली, पानी पर होती हुई महंगाई पर

बात चली बाजार के चाट वाले और जलेबी वाले की

फिर आ गयी बालो के स्टाइल पर

मैं भी नाई की दुकान पर लगे कई पोस्टरों को देख रहा था

बात चली ट्रैफिक जाम की,

प्रदूषण की, कल मुहल्ले में हुई लड़ाई की

और लकी भाई की सगाई की

इतने में मेरा नंबर भी आ गया था

और बात पाकिस्तान और आतंकवाद तक हो कर आ गयी थी

रमीज़ अपने एक ग्राहक को बाल झड़ने की दवा बता रहा था

और मुँह ही मुँह में पान जैसा कुछ चबा रहा था

तभी दो चाय आयी और सोहल ने मेरे से भी चाय को पूछा

चर्चा पहुंच गयी थी पिछले साल हुई रामलीला में रमीज़ के एक वानर बनने और चोट लगने की

और आ पहुंच कुछ दिनों बात आने वाली होली पर सोहल और रमीज़ के इस बार

होली जलती देखने आने वालो को देने वाले प्रसाद पर

मैंने अपने बाल कटवाएं, सोहल को पैसे दिए और बहुत ही अच्छे मूड के साथ बहुत हल्के मन से

नाई की दुकान से बहार निकल आया

मैं स्कूटर स्टार्ट कर रहा था और देख रहा था की अपनी दुकानं के बहार रमीज़ कुछ तौलिये सूखा

रहा है

मैं टी वी नहीं देखता,

क्रिकेट का भी अब शौक नहीं रहा

ना ही फिल्मो में अब मज्जा आता है

समाचार तो सर में दर्द कर देते है

बस आ जाता हो कभी कभी रमीज़ और सोहल की दुकान पर बिना बात बाल कटवाने